No necesitas inventar un dios para perdonarte, Fran.

No necesitas inventar un dios para perdonarte, Fran.

No necesitas inventar un dios para perdonarte, Fran.

quiebra

No necesitas perdonarte.

sus sienes.

FRAN GARCERÁ

Egwyddor

KAÓTICA LIBROS

© Texto original: Fran Garcerá
© Imagen de la cubierta interior: Fito Conesa
© Imagen de la guarda: Fito Conesa
© Diseño: Kaótica Libros
© Edición: Kaótica Libros

kaoticalibros.com
hola@kaoticalibros.com

Colección Multiverso, 5

Editado en Madrid, España

Primera edición: enero, 2025

Depósito Legal: M-27921-2024
ISBN: 978-84-128558-7-6

EGWYDDOR

Canto único

Fran Garcerá

Kaótica Libros

Para verte a Ti mismo me has nacido.
CARMEN CONDE
(*Mujer sin Edén*)

No te confundas, nadie va a venir a perdonarte
en el nombre de nadie.
ZAHARA
(*Puta*)

Origen V

Te hablaré, Egwyddor, de las plagas. A ti no te llamarán corrosión hedor ácido, van a relegarte al espacio enmohecido detrás de las bañeras. Si pueden, harán de ti una deidad del lodo dirán de quienes te soñamos que somos del lodo. Las plagas no dormitan en invierno pero temen al frío. Las plagas adoran el verano. Si no se muestran frente a ti en su fuerza es porque son erradicadas.

¿Cuál fue nuestro fruto?

He rezado de vuelta a casa. En voz queda lo justo para escucharme hablaba a mi bisabuela de mi frente de tu frente de las frentes de quienes amamos. Mi bisabuela se llamó Salud y le digo: «Por favor, madre Salud, que nuestras frentes no vuelvan a ser arrastradas por el suelo». ¿Cuánta más de nuestra sangre necesitan para matarnos?

Yo soy quien soy: Aquí no cabe una metáfora.

La luz de las farolas hace cantar a los pájaros en la noche. Madre Salud acariciaba a los caballos otros para que no nos delatasen. Para que llegásemos a casa. Me pregunto si en medio de un campo de concentración checheno para homosexuales sería capaz de recordar sus manos. O en las calles de Sarajevo. O en un supermercado de Valencia.

Sé feliz, Egwyddor, eso es
lo único que te pido.

Así sea.

Preparación del sacrificio

Lavarse antes y después de la piscina es un acto indispensable para eliminar productos de aseo fluidos gérmenes cloro. Lo inmaculado envasado en un vacío.

Vigila sus pies, agua jabonosa en sus pies. Se asegura de que el sacrificio haya enjuagado sus pies sus manos sus genitales. Dice me gusta tu olor hueles a fruta.

Entonces me habla con palabras suaves. Él sabe que las palabras fuertes afectarían a la ternura de mi carne en los ojos del sacrificio se grabarán su boca su nariz.

Coloca su mano sobre mi hombro y me empuja con firmeza al fondo en penumbra. Aquello no era un cajón un vestuario un hoyo era una tumba. El sacrificio

se paraliza

no escucha

no comprende

el
sacrificio
no
sabe
que
es
el
sacrificio.

Momento primero IV

Call yourself back.
JOY HARJO
(*Conflict Resolution for Holy Beings*)

Un hombre se retuerce sobre mí. Ha unido dos sofás a modo de cama y la grieta en medio se abre bajo mi espalda. Su peso me aplasta, me aferro a la tela para que no caigamos.

No pregunta tapa mi cara con su mano y hunde mi cabeza en ese oscuro abierto. No existe en él nada de lo que imaginé. No existe en él nada. Mi cabeza, yo en la oscuridad.

14

Un cuerpo sin cabeza siente pese a la distancia. La cama era un altar roto yo un templo bajo un pantano una devoción errada la ofrenda extraña. ¿Cómo levantaré de nuevo las puertas de este patio?

Cuando sacó mi cabeza del hueco me besó la clavícula con ternura. Yo miraba una celosía que no existía en el techo e imaginaba una luz que no me alcanzaba.

Una nueva Gracia

La única vez que debí confesarme tenía diez años e inventé un pecado que hoy me resulta imposible recordar. También fingí una penitencia de diez padrenuestros y cinco avemarías. «Sin contrición no hay perdón», nos decían. No sabía qué significaba esa palabra me recordaba el movimiento con el que algunas serpientes estrangulan a sus presas en los documentales de la tarde.

Mientras movía los labios cantaba en mi interior una canción de las Spice Girls: «Is a promise you will be there / Ow, say you will be there / Ah, won't you sing it with me?». La luz de la vitrina caía sobre la enorme figura de una virgen. Hacía brillar su corona dorada. ¿Podría yo también llevar una corona el día de mi comunión? Me imaginaba recorriendo el largo pasillo, todo de blanco, y la corona suspendida sobre mí. Me pareció que la figura me sonreía. Yo misma como una nueva Gracia.

Momento primero III

Siempre he sido un niño con hambre. El médico, donde yo veía amor, presentía un futuro nefasto. Me recetó varios días de deporte para aparecer un cuerpo que no es el mío.

Mi abuela mi madre yo cuando presionamos la boca de nuestro estómago decimos «tengo aquí una pena...». Achicamos un poco los ojos sorbemos un poco de aire y arrastramos la última palabra. Es un rito.

El día en que el monitor del gimnasio me preguntó si ese verano enseñaría mi pene a las niñas en la playa, si se lo podía enseñar a él, mi familia me esperaba con un plato de espaguetis rojos, dulces y ácidos.

Engullí la pasta sin respirar, mis doce años. No esperé a nadie para el ritual de la mesa: aquella era la comida de un fugitivo un sol negro en el mediodía un agujero negro desde la boca hasta el estómago.

Cuando terminó el colapso de mí la tela de la silla estaba toda manchada. Los espaguetis de nuevo en el mundo flácidos y calientes aunque esta vez, en su segundo advenimiento, níveos.

Sobre el fuego IV

[Poniente]

Fuego y sueño
se confunden, crepitan.
PINO OJEDA
(*Lapland / Laponia*)

Mi abuela me explicó que amó a un hombre que murió. Le dolió aunque se gastaba todo en el casino la dejaba sola en casa con sus hijas fingía no conocerla por la calle. «Era dentista tú no seas tonto sé maestro». Mi abuela no fue una sombra.

Cuando veíamos *Cine de barrio* ella miraba a la gata Blanca en el sofá le reñía también le daba pena aunque fuera poca. Ella me cogía la mano: «Mi tío tenía un gato que comía en la mesa de su plato y a mí aquello no me gustaba nada». Mi abuela tenía una cicatriz en la pierna por coser camisas contra el hambre.

Después nos marchábamos al patio pelaba patatas en su silla de enea miraba el cielo: «Mira esas nubes rojas mañana hará poniente y nos ahogaremos no podréis ir a la playa tendremos que dejar las persianas bajadas las ventanas cerradas». Mi abuela agarrada a las cortinas de la puerta asoma la cabeza. Todavía me espera.

Momento primero III

Cuando era niño no me permitían bajar al parque por si me manchaba de arena; no me dejaban correr por el sudor aunque fuera verano aunque yo quisiera; no traía amigos a casa porque la casa es para la familia, porque no está bien permanecer en casa ajena. Está mal decir no.

Tampoco dices no cuando en los vestuarios de la piscina tu único amigo te confiesa que en su boca guarda el sol. No puedes nada porque no quieres que en tu boca nadie guarde un sol. Pero éramos niños y crees esa verdad como podrías regurgitar hierba. Su sabor amargo permanece.

Vuelves a encontrarlo te dice cuánto tiempo, qué tal, el mar se asoma a las axilas ahora tengo novia. Se sienta junto a ti, se aprieta contra ti. Ha hablado del mar de sus axilas pero no del mar de fondo la corriente de sus brazos.

Cierro los ojos porque no soy ciego: el lodo y la saliva no me devolverán mi vista; porque la resurrección es un milagro remoto: «Levántate y di no», como si esta fuese una oración.

Llego a casa, tengo veintidós años pero todavía once; asumo en los ojos lo oscuro del alba (no sé qué es «lo»). Permanece en la frente el hueco que dejó la luz que me arrancó

y se guardó en la boca, una claridad que todavía chupa como un caramelo.

Eres todos tus niños abres la puerta de casa buscas el perdón: «Mamá, te prometo que no he corrido pero estoy sudado».

Origen I

Quién para hablar del origen de una deidad asistir a un ancho cataclismo a la gran revelación de su «orden natural»... Quién no contaría algo conveniente para sí mismo: haced, juzgad, sed.

(Les dijeron «no matarás». Nos asesinaban).

Sed para vuestra sed. Ese sí sería un evangelio nuevo, una historia para cantarla. El nacimiento de una deidad que no nos signifique que no desee de nosotros.

El lamento de un inmigrante gay en Bosnia

Acabamos entonces en un descampado en la periferia de Sarajevo, con vistas sobre una mezquita, donde finalmente Tayri (nombre cambiado para proteger su identidad) le da la mano a su novio.

IRENE SAVIO

("El lamento de un inmigrante gay en Bosnia: 'No creo más en Dios, no me responde'", *El Periódico*, 2 de abril de 2021)

Tayri... Un corro de infantes rueda canta sobre lo que antes eras. Círculo prohibido hogueras prendidas en el equinoccio. Orinas lejos del lugar donde duermes. Un día cualquiera a las afueras de Sarajevo.

Te están invocando con un nombre nuevo. El otro son solo letras que no atraviesan fronteras con el sol que no permiten el amor; si me coges hoy de la mano, nos cortarán las manos.

Mira su miedo. Míralos porque tú eres el otro te odian te saben dicen: qué haremos con esta plaga. Tu cuerpo es con la ceniza y estos infantes son felices en su calor.

Tayri... Anoche todavía caminabas, en el reflejo del cristal tu rostro endurecido. Nadie sabe de cuando lo adornabas con espliego tu pecho era un baluarte tu cuerpo tu tacto acariciado.

Tu primer beso una ofrenda. Aquellos labios tuyos y míos que, tócalos, su sangre es para el frío. Aquel muchacho que te amó se encuentra bajo la piedra dentro de un hoyo al que nadie pone flores tras mis costillas oculto su recuerdo vivo en la humedad.

Como en un canto antiguo eres del viento.

Tayri... Te levantaré cientos de altares. Muerto y desnudo en la calle: una corona una alfombra una vela y un fuego para borrarte. A ti te mataron para alimentar las fauces de sus patrias.

Aquellos pequeños te han convertido en el albor. Una oración para besar tu cuerpo: *Tayri. Tayri. Tayri.* Renaces en la flor violeta del romero.

Momento primero VI

Cuando le dije «no» golpeó mi cabeza contra el cristal de un coche.

Durante su embolia mi abuela gritaba que flores rojas se abrían en medio de la noche.

El cristal el recuerdo permaneció intacto.

Segunda oleada de azahar

Ese día no era más que un trece de octubre. Siempre había envidiado sus piernas, su camaradería con el balón. El bronceado de césped las risas de eclosión violenta. Me pensaba invisible sin nombre ellos me vieron cósmico y brillante.

Me agarraron de la espalda. Al caer sobre las rodillas por un golpe por cansancio, nunca por piedad, nadie me enjugó la saliva del pelo de la frente del cuello de la ropa. Solo podía ver sus piernas torneadas por el fútbol.

Era el nuevo día trece del pasillo sin fin y la clase al fondo. Gritaban que nadie me tocase y todos se apartaron por si «lo mío» se multiplicaba. Y tenían razón. Mi tacto les hubiera hecho brillantes.

Donde nací, en octubre, los naranjos pueden sorprenderte con una segunda oleada de azahar. No he podido olvidar que el pasillo olía a naranjas. Víctor, David, Miguel, Javier, tampoco he olvidado vuestros nombres. ¿Acaso me recordaréis hoy?

Origen III

Los descielados poblaron los otros bosques, los otros ríos, los otros glaciares, las islas otras. Brotaron de su propio halo como las legumbres del invierno. Han abierto los ojos: asistid a la contracción ínfima de sus pupilas.

No Yahweh Señor. No Adonái Elohim Jehová. Solo Egwyddor, principio del bosque; principio del camino; principio del baile; del paso, del afluente, de quien Ama. Principio, promesa.

Te llamaron Egwyddor. Te invocaron Egwyddor. Que canten las aves de la nieve esta nueva ceremonia el deseo íntimo el movimiento de la ola.

Gritaron tu nombre. Si tú no lo haces, yo les naceré un cuerpo nuevo que no haya andado las empalizadas, que no haya dormido en la humedad fría, que no conozca la electricidad.

El universo más temprano

El universo más temprano fue en el intervalo entre cero y 10^{-43} segundos. Su descubridor lo llamó época de Planck para que, aunque su tiempo pasase, su nombre quedase más allá de 10^{-43} segundos; para que la infinitud supiera que él estuvo allí antes que cualquier otro. «La primera persona, no el primer hombre», me digo.

Que hubiera un primer tiempo parece imposible. Cuantificarlo, medirlo, establecer su longitud, su temperatura. Todavía no logro imaginar lo que son 10^{-43} segundos. Incluso leer con naturalidad «diez elevado a menos cuarenta y tres segundos». Lo repito con insistencia: «diez elevado a menos cuarenta y tres segundos». Mi lengua, algo impenetrable, los dientes, se resisten a la cifra.

Pienso en el tiempo de mi actual aurora y en que nací del vientre de mi madre porque mi madre dijo que emergí de su vientre, pero para mí bien pudo ser en el momento siguiente a esos segundos impronunciables. Un *big bang* natal incomprensible pese a mi insistencia.

Puede, incluso, que este yo que escribe no sea sino una respuesta a una pregunta formulada por otro, aunque seamos el no mismo, que espera y acaricia el olivo en el que se suicidó su bisabuelo. Un mismo nombre el suyo y el mío. Una historia que escribí adolescente sin haberla escuchado nunca: la historia de un hombre que se sintió sin tiempo, ahogado en algún momento entre cero y 10^{-43} segundos.

Quizás él todavía permanezca a la altura de nuestra mano —extendamos nuestra mano y acariciemos su rostro— mientras trenza su soga. Que el tiempo en mis cavidades sea el suyo.

Sobre el fuego III

[Clase de Arte]

La profesora de Arte me ha regalado una barra de pastel Schmincke. Mientras abro la caja me explica que es una de las mejores porque no posee casi aglutinante: «es más blanda, deja más pigmento».

Pasa la yema de sus dedos por la barra ni siquiera presiona y todo rompe en sanguina. La desliza sobre una hoja vino. «No puedo explicártelo compárala con otras lo comprenderás».

Escojo la Sennelier Carmin de Granza 38, la Amarillo Brillante 1, la Granza Tostada 3, la Rojo Helios 4, la Coral 2. Me pregunto por la elección de sus nombres. Sobrepongo los tonos en algunas zonas no intento rozarlos con las yemas.

El papel abajo todavía respira, acrecienta el tono. No fundo los colores. Acercamos la mirada atraídos al dibujo: «Casi siento el calor», confiesa y me mira con una sonrisa, pero no me atrevo a preguntarle.

Momento primero V

Las manos sobre la mesa del despacho acarician las mías. *«Vine el dimarts que ve i si et portes bé...»*. No termina la frase.

Volví. *«Et done una última oportunitat. Estudia aquest llibre de fonètica i torna demà»*.

Su problema era que yo no sabía pronunciar las vocales de una lengua que era mía y abandoné humillado.

Recorde les seues mans al voltant de la meua boca: «per a pronunciar bé l'o oberta obre la gola, mira, ací, sent la veu ací». La seua mà m'està acariciant una galta, una orella, amb el polze la comissura d'un llavi: «Pots sentir-ho?». Em mirava als ulls.

Jo tan sols sentia violentada la llengua del meu avi

una de les meues dos veus trencada com la terra terra trencada

una llengua que no em servirà per a l'amor.

Li vaig dir no a un home, una llengua, una violència, una sal, una fam, una ferida, al colp. Siga aquest poema on la meua llengua torna a mi.

Cuidado del sueño I

[Miedo]

> Qué haré con el miedo
> Qué haré con el miedo
> ALEJANDRA PIZARNIK
> (*Las aventuras perdidas*)

Hoy se cumplen ocho días desde que no salgo de casa. Este ha sido el peor invierno una estación de años un invierno de más de ocho años.

Abro la ventana lo justo para la ventilación pese al frío la avispa podría volar hasta la ventana. Mido la rendija con exactitud debe tener la mitad de mi dedo anular empujo la hoja metálica hasta lograrla.

No puedo describir a las avispas porque me aterra todo de ellas: su vuelo su zumbido sus mandíbulas la complexión de su cuerpo pensar su número imaginarlas escribir sobre ellas soñar su color.

El color de las avispas es persistente no lo quiero en mí no quiero soñarlo ni sentir su escalofrío. Me han prometido que si me muerdo la lengua se alejarán pero no deben oler mi miedo yo huelo la muerte.

Tengo miedo de la cama, de mí, de la casa, miedo de mí. No sé si seré capaz de levantarme mañana si me importará levantarme mañana.

Sobre el fuego I

[Agua]

En el regazo Monelle le advierte: «Te hablaré de la destrucción», y sorbe un fuego líquido no magma diferente a los metales fundidos.

Sumerge la cucharilla hacia el fondo de la taza. Remueve arriba y abajo, adelante y atrás. En ningún momento debe tocarse la porcelana interior.

No sabe si es la muchacha o él mismo quien aprieta la cabeza. Con rotundidad, sin duda.

Quiebra

      quiebra

         quiebra

            sus sienes.

Se ahoga. Abre la boca, sorbe.

Proceso de ansiedad

No puedo dormir. No recuerdo la última vez que descansé. No puedo concentrarme. Si no puedo concentrarme, no podré investigar. No puedo investigar. Si no puedo investigar, no podré escribir. No puedo escribir. Si no puedo escribir, no seré capaz de publicar. ¿Quién me querrá si no soy capaz de concentrarme de investigar de escribir de publicar?

Me levanto de la cama y no paseo porque eso es perder el tiempo. Necesitaría una hora y media y media hora más para ducharme y prepararme para el día. Eso son dos horas en las que podría producir. Mientras escribo mientras leo este poema podría estar produciendo.

Me siento frente al ordenador y da igual el día de la semana, no voy a poder redactar ni una línea. Me dicen: «Somos una editorial comercial y sin ayuda no podemos publicar a esta autora, no se venderá». No debería haber firmado un contrato con ellos, aunque eso lo pienso después.

Permanece este lenguaje tan dañino. No el suyo ni el de los contratos, sino el mío contra mí. Mañana tendré que vestirme y fingiremos para todos. Diré: sí tenéis razón gracias por vuestra ayuda por supuesto un abrazo un beso un cordial saludo sigamos adelante. Frases cortas lo justo para el aire. No puedo besar, no puedo ver a nadie. Me tumbo en la cama.

Si el insomnio tuviera un color el insomnio no tiene color.

Nada importa: concentrarme, investigar, escribir, publicar, salir a la calle, acariciarme, acariciarte, las llamadas, el correo (por favor, que no me escriba nadie, que no me llame nadie) (por favor, que me escriba alguien, que me llame alguien). Ya no veo el borde del abismo. Mi dios ensordecido. Ojalá pudiera dormir. ¿Quién me querrá si no puedo dormir? No puedo dormir. No recuerdo la última vez que descansé.

Cuidado del sueño II

[Estado transitorio de
tristeza]

Some things never sleep.
FLORENCE & THE MACHINE
(*How Big, How Blue, How Beautiful*)

Aunque durante el insomnio me prometa hablarme
mejor cuidarme mejor desearme mejor, el «y si» del
mañana no me abandona: y si mañana no alcanzo
la rama me sumerjo y si mañana acaba conmigo
este estado transitorio de tristeza este yo contra mí
y si mañana.

Me tortura la palabra «transitorio» me torturo yo.
Perdón, no quiero que este tiempo de lo triste se
instale aquí [toco el centro del pecho sobre el ester-
nón aunque esto consume todo mi cuerpo y digo
«esto» cuando podría decir jaula ansiedad incerti-
dumbre cama. Me han dicho que lo llame estado
transitorio de tristeza].

Momento primero VII

La campana a las dos de la tarde marcaba el fin de la mañana y el comienzo del verdadero día: ahora hablaríamos de poesía.

Entrábamos a su despacho y colocaba mi mochila sobre la silla. Mis primeros escritos al fondo. Un tartamudeo, dieciséis años. Un sueño demasiado mío para señalarlo.

Antes de que cayese la tarde me acompañaba a casa y leía sus relatos. La helada sobre la hierba brillaba una constelación terrestre en la alborada.

No quiero mentirme más. Esto no es un poema. Es el retrato del primer momento en el que acepté la emoción de mi bruxismo.

Cuando mi profesor de valenciano me presentó a su marido y me ofrecieron su casa, «solo hay una cama, podrás dormir en medio de los dos», apreté los dientes.

Momento primero II

Digo «yo», cruje la cáscara de la nuez que sostengo entre las muelas. Puede que algún día me encuentre con la horma de mi presión: en vez del fruto partido,

mi boca. Será esta cavidad una rotura nueva en su grieta un nacimiento. Quién conoce el secreto que guarda el interior oscuro del molar, el corazón de la nuez roja. Lo oscuro y cálido. Un universo que se expande, que ha nacido y podría ser principio y término del paisaje, un abismo que engulle y crea. Una voluntad que siempre fue, que siempre estuvo, que permaneció adormecida. Lo feroz redivivo.

Hattie en la colina de Tara

Hattie se alza en lo alto de una suave colina. Camino hasta que su horizonte circular y nuestra existencia milenaria se hacen palpables.

Se mira las manos vacías. Repito su gesto. Cuatro manos vacías en una colina.

¿A quién rezabas, Hattie? ¿Quién era realmente Tara? Los huesos lo sabían. Hattie, Reina de la Colina, Portadora del Mundo, tú eras la tierra.

Aquí hay nombres antiguos que esperan, que han viajado en barcos que no se quemaron. Desconozco si tu llamado es una invitación para los desterrados para el pueblo desposeído lo innominado gravita en nuestro pecho uno.

No ha cesado en su soplo el viento. Todo lo que ha sido vive contigo en esta colina. Ya no espera. No existe otra forma de entender lo devastador de nuestra esperanza.

Origen II

El día que nació mi deidad tenía quince años y me miraba en el espejo del baño. No era un lugar majestuoso era íntimo, había agua, tierra, la ventana abierta al fondo, sudaba. Me observaba con atención. Surgió con una calma agitada: «¿Por qué a mí? ¿Por qué yo?». Aquello era un aliento primigenio que aceptó que siempre fue que siempre estuvo.

No se abrió el mar. Tampoco fue todo silencio. Estaba el canto exaltado de las golondrinas. Tiempo después derribaron sus nidos y ninguna voluntad, tampoco la mía, detuvo la aniquilación.

Me lavé las manos y cerré la puerta del baño. La imagen en mi frente zumbaba o quizás era mi dios radiante. Bajé los escalones y salí a la calle. Era verano el aire olía incomparable. Respiraba. Tenía en mi lengua una verdad: «Soy». En fracciones de segundo, hallé un mundo.

Rabia

Mírales a los ojos porque te presienten en su sangre. Su sangre tu sangre mi sangre. Ofrece tus manos como un cuenco. Si logran saciarse, les salivaremos su rabia, se tragarán

la rabia el poema el agotamiento la burocracia para ser. Se abren amapolas en enero que espantan a las arañas. No las destruyen les hablan un idioma que nunca les enseñaron quienes las pensaron. Las amapolas están naciendo arañas transparentes que calmarán el sueño y su parto duele.

Ellos nunca nacerán un mundo. Esa ha sido siempre nuestra venganza contra su rabia.

Cuidado del sueño III

[Trigo]

Giù, giù, giù
sotto spighe di grano
spezzate dal vento.
BLANCO
(*Blu Celeste*)

El trigo no debería crecer dentro de las tumbas aunque si le dejásemos el trigo crecería donde le diera la gana. He vuelto a este poema medio año después de su escritura hoy Ucrania ha sido invadida. Lo que antes dijera en este poema ha perdido su importancia aunque acreciente mi insomnio las fuerzas que pugnan en mi casa no bombardeada el peso de este hueco (¿qué fue este hueco?). Entonces soy yo quien decide que el trigo de este poema es trigo molido con rabia el edén de nuevo un lugar cotidiano oscuro solo.

El gato que recibe el sol

Este gota a gota en los cristales me ha traído el verano de mis quince años. La playa alrededor inundándolo todo: el aire, la risa, los cuerpos inflamados de viento, de calor húmedo, resistente. Aquel día también llovió y corrimos a refugiarnos en el mar. Era cálido su contacto y reíamos. Jugábamos. Hundíamos el cuerpo del otro con el otro en el mar. Un festín de juventud para la sal y la espuma para los peces todavía ciegos en lo abisal. Todo era piel y resbalábamos.

Se detuvo la lluvia. Corriste hacia tu toalla extendida y te lanzaste a ella panza arriba como el gato que recibe el sol. Te reías de la rojez en mi rostro. Si hubiera sido más valiente, la playa, el mar, el viento, la arena, los ojos de los cangrejos y la forma cóncava de las gotas en la duna, habrían asistido al bautizo del beso. Solo cerré los ojos. Intuía a mi espalda un mundo que se deshacía. Un sentido nuevo que era antes. Un olivo blanco desde el pecho dando sus primeras hojas.

Sobre el fuego II

[Tierra]

Yo no pariré a mi hija y esta es una verdad que no quiero evitar. Yo no pariré a mi hija, mi hija no aparecerá río abajo en una cesta de mimbre. ¿Tendrá una deidad que guíe su corriente?

Me muerdo las uñas esperando porque la niña todavía no llega a casa, porque la niña no sabe que esta es su casa, porque la niña no sabe que yo soy sus madres, porque la niña no sabe que yo soy sus padres. Ella todavía no sabe.

¿Alguien será mi hija? Hundo los dedos en el abono de los geranios siento una gracia que no me escucha un dolor palpitante en las puntas de las manos.

Origen IV

Fuimos en el primer tacto calor del cuerpo contra el aire. Lo íntimo y lo inmaculado frente a frente a punto de romperse, fundirse, no ser y dejarse, hacerse.

La cotidianidad de la casa frente al precipicio, en el precipicio, por el precipicio. No importa si cae o se eleva. Es en el vuelo donde aguarda su reino.

Ahora conjugaremos un jardín donde haya la unión feliz el iris la cópula.

Y será. Nos apartaremos del mundo. Descansaremos.

Implosión primitiva. Ahora ya solo somos.

Si alguien tiene otra teoría sobre el origen que sea en sí,

>   porque no moriremos este cáliz

>   la fuente

>   el astro.

Sobre el fuego V

[Llama]

Yo elijo tomar el fuego o darme a él.

Nacer un dios

Egwiddor, eras la nada. Yo te hice arbóreo, submarino, glacial y puse para ti espacios naturales protegidos, pequeños hielos en vasos.

Dejé las piedras a un lado. Con ellas hacen sus casas, sus templos, sus carreteras. Con las piedras nos matan.

Tampoco la luz, fuiste onírico. Por soñarte me interpuse entre la roca que zumba y este pensamiento que nace.

No inventé canciones, ni himnos, ni oraciones para ti. Aguardé la revelación de tu nombre. Dentro de la flor, en el movimiento ondulante de la abeja, en el dorado del polen. Entre las cañas erguidas yo erguido he trazado un camino en su corriente.

El no inmolado se internó en el bosque que broté, que conoció suyo. No se siente un animal asaetado. Parece absorto: un cuerpo nuevo que no ha sido de la violencia.

Egwiddor, no te creerás nacido para nosotros. La libertad y la muerte permanecen en su cadencia. Nada ha intuido tu postura. Tu gracia será siempre para ti, dios de nadie. Nada temerá tu ausencia.

Sé feliz, Egwiddor. Así sea.

Cartagena, 2021-2022.

ANEXO

Recado para Fran Garcerá

A partir de Ocean Vuong y Ángela Figuera Aymerich

No necesitas inventar un dios para perdonarte, Fran.

Puedes decirte sin miedo no desaparecerá el dolor pero puedes decirte sin miedo.

Hay una nube sobre ti. No es nube no es ti no es sobre. La ausencia de cielo te estremece tras esa nube y la conciencia que le imaginas aunque permanezca masa de vapor acuoso.

Tú que naciste el hambre de verte de poder verme frente a frente y no reconocerte y no poder reconocerme, vuelve a través de ti. Puedes decir con sinceridad: hay una nube sobre mí. También decirte: Fran, aprende a no temer.

En el fuego hay una señal en el fuego un animal que no grita y tiembla la luz tiembla. Perdonar no es amar. Recuérdate, Fran, recuérdate. En el trazado del límite

no habita la violencia. ¿Recuerdas a aquel que dijo hacerse cargo de tus propios procesos laborales mentales corporales? Protégete, que crezcan tus ojos.

Yo que he estado donde tú que te negué que preferí decir con arrogancia que «un rayo que alcanza la tierra es una raíz del cielo» en vez de escribirte con anhelo te acaricio los ojos. Me acaricio los ojos porque vivir no siempre fue alcanzarme

porque todavía no hemos levantado nuestra casa

aunque alcanzo a ver con júbilo por sus ventanas.

San Vicente de Piedrahíta, agosto de 2024.

BIOGRAFÍA

Fran Garcerá es doctor en Estudios Hispánicos por la Universitat de València. Fue investigador predoctoral FPI en el CCHS-CSIC en Madrid entre 2015 y 2019, donde se especializó en las poetas españolas de la primera mitad del siglo XX. En 2020, obtuvo el *Visiting International Fellowship Award de la Association of Hispanists of Great Britain and Ireland* (AHGBI), para divulgar sus investigaciones en diferentes universidades y centros culturales de Reino Unido. Hoy por hoy, es técnico de Archivo y Bibliotecas en el Patronato Carmen Conde-Antonio Oliver del Ayuntamiento de Cartagena.

Ha publicado ediciones científicas de las obras de Margarita Ferreras, Mercedes Pinto, Concha Méndez, María Cegarra Salcedo, Carmen Conde, Concha Espina, Josefina de la Torre, Pilar de Valderrama, Amalia Domingo Soler, Eladia Bautista y Patier, Dolores Catarineu, Josefina Romo Arregui, Concha de Marco, María Teresa Cervantes, Concha Méndez o María Dolores de Pablos, entre otras. Junto a Marta Porpetta, editó el volumen *Versos con Faldas. Historia de una tertulia fundada por Gloria Fuertes, Adelaida Las Santas y María Dolores de Pablos* (2019). También, junto a Cari Fernández, ha publicado la trilogía documental sobre Carmen Conde y Amanda Junquera: *Poemas a Amanda, Epistolario (1936-1978)* y *Teatro* (Torremozas, 2021), y el *Epistolario (1944-1986)* entre Carmen Conde, Amanda Junquera, Alfonsa de la Torre y Josefina Romo Arregui (2022).

En 2013 obtuvo el Premio de escritura creativa de la Universitat de València por su plaquette *El escozor y la sal* y en 2022 publicó su poemario *Rotura* en Lastura Ediciones.

ÍNDICE

Origen V 11

Preparación del sacrificio 13

Momento primero IV 14

Una nueva Gracia 15

Momento primero III 16

Sobre el fuego IV 17

Momento primero III 18

Origen I 20

El lamento de un inmigrante gay en Bosnia 21

Momento primero VI 23

Segunda oleada de azahar 24

Origen III 25

El universo más temprano 26

Sobre el fuego III 28

Momento primero V 29

Cuidado del sueño I 30

Sobre el fuego I 31

Proceso de ansiedad 32

Cuidado del sueño II 34

Momento primero VII 35

Momento primero II 36

Hattie en la colina de Tara 37

Origen II.. 38

Rabia 39

Cuidado del sueño III.. 40

El gato que recibe el sol 41

Sobre el fuego II.. 42

Origen IV 43

Sobre el fuego V 44

Nacer un dios 45

ANEXO... 47

Recado para Fran Garcerá.. 49

BIOGRAFÍA... 53

Egwyddor de ©Fran Garcerá, se terminó de imprimir el
28 de enero de 2025, fecha en la que 46 años antes
Carmen Conde fue la primera mujer en
ingresar como académica de número
de la Real Academia
Española.

Edición de ©Kaótica Libros
En el caos, las palabras.

EGWYDDOR

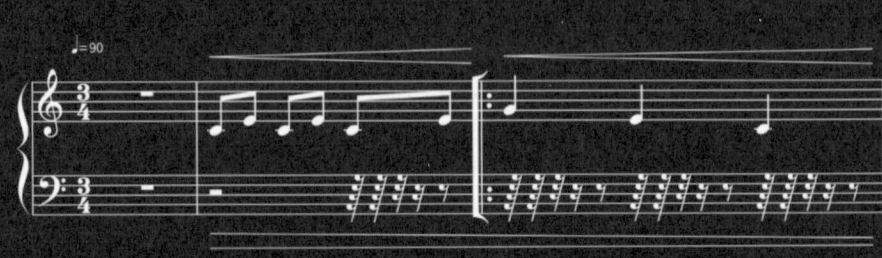

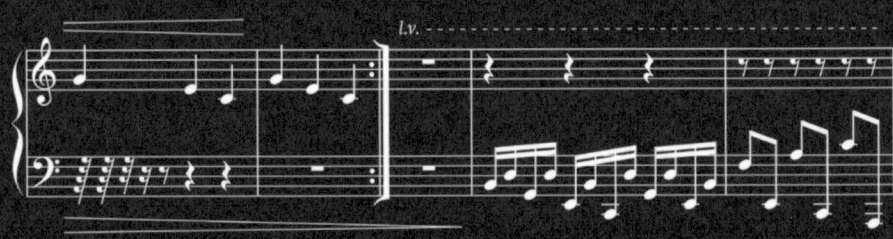

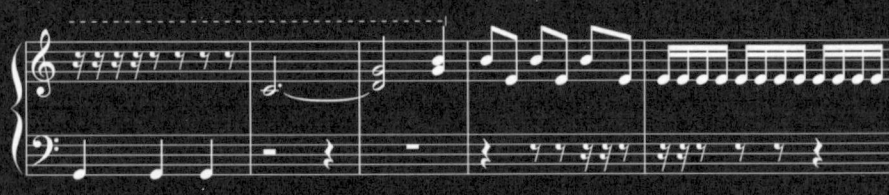